AF370103

ORDONNANCE

PROVISOIRE

DU ROI,

Concernant la formation & la solde
de l'Infanterie Françoise.

Du 12 Juillet 1784.

DE PAR LE ROI.

SA MAJESTÉ voulant que les dispositions qu'Elle a arrêtées relativement à la formation & à la solde de son Infanterie, & qui feront partie du Code qu'Elle se propose de donner à les Troupes, aient incessamment leur exécution, Elle a ordonné & ordonne ce qui suit :

INFANTERIE FRANÇOISE.

ARTICLE PREMIER.

CHAQUE régiment d'Infanterie Françoise, sera composé de deux bataillons.

Composition des régimens.

2.

LE régiment des Gardes-françoises & le régiment d'Infanterie de Sa Majesté, resteront exceptés de cette règle, & conserveront le même nombre de bataillons dont ils sont maintenant composés ; Sa Majesté se réserve d'expliquer dans des Ordonnances particulières à chacun de ces deux Corps, sa volonté sur leur formation.

3.

LE premier bataillon de chaque régiment d'Infanterie Françoise, sera composé de quatre compagnies de Fusiliers & d'une de Grenadiers.

Le second le sera de quatre compagnies de Fusiliers & d'une de Chasseurs.

La compagnie de Grenadiers ou celle de Chasseurs ne sera cependant pas tellement nécessaire à son bataillon, qu'elle ne puisse en être détachée sans en altérer l'intégrité. Le bataillon restera alors formé de quatre compagnies de Fusiliers.

4.

SA MAJESTÉ distinguera pour la composition de son Infanterie Françoise, un pied de paix & un pied de guerre.

5.

LE nombre des Officiers & des bas Officiers de tout grade, sera le même sur le pied de paix & sur le pied de guerre.

6.

SA MAJESTÉ veut bien rétablir le grade d'Appointé, en faveur des dix plus anciens Fusiliers, ainsi que des huit plus anciens Grenadiers ou Chasseurs de chaque compagnie ; & accorder le même grade au plus ancien Tambour de chaque bataillon.

7.

CHAQUE compagnie de Fusiliers sera composée sur le pied de paix, d'un Capitaine - commandant, d'un

3

Capitaine en second, d'un Lieutenant en premier, (cette dénomination devant être substituée à celle de premier Lieutenant) d'un Lieutenant en second, de deux Sous-lieutenans, d'un Sergent-major, d'un Fourrier, de cinq Sergens, de dix Caporaux, de dix Appointés, de quatre-vingt-dix Fusiliers & de deux Tambours; au total de cent dix-neuf bas Officiers, Soldats & Tambours, commandés par six Officiers.

8.

CHAQUE compagnie de Fusiliers sera composée sur le pied de guerre, d'un Capitaine-commandant, d'un Capitaine en second, d'un Lieutenant en premier, d'un Lieutenant en second, de deux Sous-lieutenans, d'un Sergent-major, d'un Fourrier, de cinq Sergens, de dix Caporaux, de dix Appointés, de cent quarante Fusiliers & de trois Tambours; au total de cent soixante-dix bas Officiers, Soldats & Tambours, commandés par six Officiers.

9.

IL y aura un Soldat-charpentier dans le nombre des Fusiliers de chaque compagnie: Il sera choisi parmi ceux qui seront le plus propres à ce service; & il n'en sera point d'autre à la guerre.

10.

LES Caporaux, les Appointés & les Fusiliers de chaque compagnie, formeront dix escouades. *Escouades.*

Ainsi chaque escouade sera composée, sur le pied de paix, d'un Caporal, d'un Appointé & de neuf Fusiliers.

Elle sera composée, sur le pied de guerre, d'un Caporal, d'un Appointé & de quatorze Fusiliers.

11.

MAIS Sa Majesté se réserve d'ordonner des augmentations progressives entre le pied de paix & le pied de guerre, selon qu'Elle le jugera à propos.

12.

SA MAJESTÉ se réserve de même de tenir les

escouades de son Infanterie au-dessous du pied de paix, si Elle le jugeoit à propos, toute augmentation ou réduction ne portant que sur le nombre des Fusiliers de chaque escouade, & jamais sur celui des bas Officiers, qui restera constamment le même.

13.

Compagnie de Grenadiers ou de Chasseurs.

LA compagnie de Grenadiers & celle de Chasseurs, seront formées de même nombre d'Officiers & de bas Officiers de différens grades, ainsi que de Grenadiers ou de Chasseurs ; & elles ne varieront pas du pied de paix au pied de guerre.

14.

ELLES seront composées chacune d'un Capitaine-commandant, d'un Capitaine en second, d'un Lieutenant en premier, d'un Lieutenant en second, de deux Sous-lieutenans, d'un Sergent-major, d'un Fourrier, de quatre Sergens, de huit Caporaux, de huit Appointés, de soixante-douze Grenadiers ou Chasseurs, & de deux Tambours ; au total de quatre-vingt-seize bas Officiers, Grenadiers ou Chasseurs & Tambours, commandés par six Officiers.

15.

Escouades.

LES Caporaux, les Appointés & les Grenadiers ou Chasseurs de chaque compagnie, formeront huit escouades.

Et chaque escouade sera composée, paix & guerre, d'un Caporal, d'un Appointé & de neuf Grenadiers ou Chasseurs.

16.

Subdivisions de la compagnie de Fusiliers.

LES dix escouades de chaque compagnie de Fusiliers, commandées chacune par un Caporal, formeront cinq subdivisions de la compagnie, commandées chacune par un Sergent, & composées de deux escouades.

De Grenadiers ou de Chasseurs.

Et les huit escouades de chaque compagnie de Grenadiers ou de Chasseurs, formeront de même quatre subdivisions, commandées chacune par un Sergent, & composées de deux escouades.

17.

17.

LES cinq subdivisions de la compagnie de Fusiliers formeront deux divisions de la compagnie ; la première, de trois subdivisions, commandée par le Lieutenant en premier, & sous ses ordres par le premier Sous-lieutenant ; la seconde, de deux subdivisions, commandée par le Lieutenant en second, & sous ses ordres par le second Sous-lieutenant.

Divisions de la compagnie de Fusiliers.

Et les quatre subdivisions de la compagnie de Grenadiers & de celle de Chasseurs, formeront de même deux divisions composées chacune de deux subdivisions, & commandées, la première, par le Lieutenant en premier & le premier Sous-lieutenant ; & la seconde, par le Lieutenant en second & le second Sous-lieutenant.

De Grenadiers ou de Chasseurs.

18.

LES divisions inégales des compagnies de Fusiliers n'altéreront point l'égalité qui doit être conservée dans celles de l'ordre de bataille ; celles dont il vient d'être question n'étant relatives qu'à la police, à la discipline & au travail intérieur, & n'ayant pour objet que d'affecter plus particulièrement les soins & la vigilance des Officiers & bas Officiers aux divisions, subdivisions ou escouades qui leur sont confiées.

19.

AINSI le Caporal sera responsable de son escouade au Sergent de la subdivision duquel elle fait partie, le Sergent le sera de sa subdivision au Sous-lieutenant de la division dans laquelle elle est comprise, le Sous-lieutenant de chaque division le sera au Lieutenant qui la commande, le Lieutenant au Capitaine en second, le Capitaine en second au Capitaine-commandant, & chaque Capitaine-commandant sera responsable de l'état de sa compagnie au Major.

Commandement des escouades, subdivisions, divisions & compagnies, & comptes à rendre.

20.

TOUS les Tambours seront aux ordres du Tambour-major. Ceux de chaque bataillon formeront une escouade

Tambours, formés en escouades.

commandée sous ses ordres par le plus ancien Tambour ;

Tambour-major. mais l'autorité du Tambour-major sur les Tambours, n'empêchera point qu'ils ne restent soumis à celle des Officiers & bas Officiers des compagnies dont ils font partie.

21.

Sergent-major. LE Sergent-major de chaque compagnie en commandera tous les bas Officiers & Soldats, subordonnément aux Officiers.

Ses fonctions. Il sera particulièrement chargé de tous les détails du service & de la discipline, dont il sera responsable aux Officiers de sa compagnie.

Fourrier, ses fonctions. Le Fourrier aura le rang de Sergent, & commandera à son rang parmi eux. Il dressera tous les états & tiendra les livres & registres, & il sera responsable de tous les détails de distribution & de comptabilité au Quartier-maître. Il pourvoira au logement de la compagnie.

22.

Capitaines & Sous-lieutenans de remplacement. INDÉPENDAMMENT des Capitaines - commandans & en second, des Lieutenans en premier & en second, & des deux Sous-lieutenans en pied, Sa Majesté a jugé à propos d'attacher à la première compagnie de Fusiliers de chaque bataillon, un *Capitaine de remplacement.*

Et à chaque compagnie de Fusiliers, un *Sous-lieutenant de remplacement.*

23.

CES Officiers ne recevront point d'appointemens : ils auront seulement le logement quand ils seront à leur Corps ; l'étape en route ; & en temps de guerre, le pain & le fourrage attribués à leurs grades.

24.

Service des Capitaines de remplacement. LE Capitaine de remplacement attaché à la première compagnie de chaque bataillon, la commandera au défaut des Capitaines - commandans & en second, ou subordonnément à eux quand ils seront présens, & supérieurement aux Lieutenans.

Toutes les fois que le premier Capitaine-commandant
d'un bataillon commandera ce bataillon, au défaut du
Meſtre-de-camp en ſecond ou du Lieutenant-colonel,
le Capitaine en ſecond de ſa compagnie qui le remplacera, le ſera lui-même par le Capitaine de remplacement.

Dans les compagnies où il y aura un Capitaine de
remplacement, & lorſqu'il ſera préſent, le Lieutenant
en ſecond lui rendra compte de la ſeconde diviſion,
& il en ſera reſponſable au Capitaine-commandant ; le
Capitaine en ſecond n'aura alors à rendre compte à
celui-ci, que de la première diviſion.

25.

LES Meſtres-de-camp-propriétaires ou Commandans, propoſeront aux emplois de Capitaines de remplacement, d'abord & à leur rang d'ancienneté, les Capitaines réformés à la ſuite de leurs régimens, s'il y en a :

Et enſuite, ou dès ce premier inſtant, s'il n'y a point
de Capitaines réformés à la ſuite de leurs régimens,
les Meſtres-de-camp-propriétaires ou Commandans,
pourront propoſer pour Capitaines de remplacement,
les Officiers de leurs régimens ou de tout autre, qu'ils
jugeront convenir à ces emplois.

Sa Majeſté veut cependant que les Officiers propoſés pour Capitaines de remplacement, aient au moins
l'âge de dix-huit ans, & trois ans de ſervice en qualité
de Lieutenant ou de Sous-lieutenant.

Elle permet que des Officiers des Troupes à cheval
ſoient nommés Capitaines de remplacement de l'Infanterie, comme Elle permettra que des Officiers tirés
de l'Infanterie ſoient nommés Capitaines de remplacement des Troupes à cheval.

26.

LES Capitaines de remplacement, concourront avec
les Lieutenans, pour être nommés aux emplois de
Capitaine en ſecond, mais ſeulement à leur rang de
Lieutenant, & du jour dont ils auront eu des Lettres
de ce grade ; & s'ils n'avoient été que Sous-lieutenans

& point Lieutenans, ils concourroient avec les Lieutenans comme s'ils l'étoient de la date seulement de leur commission de Capitaine.

27.

LES deux troisièmes Sous-lieutenans de chaque régiment d'Infanterie, prendront, au lieu de ce titre que Sa Majesté supprime, celui de *Sous-lieutenant de remplacement*.

Nomination aux emplois de Sous-lieutenans de remplacement.

Les Mestres-de-camp-propriétaires ou Commandans, proposeront aux six autres emplois de Sous-lieutenans de remplacement, & ensuite à ces huit emplois lorsqu'ils viendront à vaquer, des Sous-lieutenans à la suite de leurs régimens, & de nouveaux sujets à l'alternative ou par moitié; c'est-à-dire, que lorsqu'il y aura à la fois plusieurs Sous-lieutenans à remplacer & plusieurs emplois à nommer, ils seront donnés moitié aux premiers & moitié à de nouveaux sujets; & lorsqu'ensuite il n'y aura plus à la fois qu'un emploi à donner, il le sera à l'alternative, d'abord à un Sous-lieutenant à la suite, & après à un nouveau sujet.

Et s'il n'y a point de Sous-lieutenant à la suite d'un régiment, ou lorsque tous seront remplacés, le Mestre-de-camp-propriétaire ou Commandant, pourra proposer de nouveaux sujets à tous les emplois de Sous-lieutenant de remplacement.

28.

Suite des dispositions relatives aux Officiers réformés & à la suite, & aux emplois de remplacement.

LES Capitaines réformés & Sous-lieutenans à la suite d'un régiment, seront rappelés, conséquemment aux dispositions précédentes, aux emplois de Capitaines & de Sous-lieutenans de remplacement à leur rang. Ceux qui ne pourroient l'être encore, attendront chez eux leur rang à être rappelés & remplacés; & jusqu'à ce qu'ils le soient, ils ne seront tenus à aucun service. Ils auront soin d'instruire les Mestres-de-camp-commandans des régimens à la suite desquels ils sont réformés, de leur demeure, afin que ces Mestres-de-camp

camp puiſſent leur annoncer leur remplacement, &
leur donner alors les ordres néceſſaires. Ceux qui ne
profiteroient pas des bontés de Sa Majeſté dans les
moyens qu'Elle leur offre d'être remplacés à leur rang,
& de rentrer en activité à ſon ſervice, perdroient dès-
lors tout droit de l'être, & leur rang ſeroit paſſé.

29.

LES Officiers à la ſuite pourront encore être propoſés
par les Meſtres-de-camp-propriétaires ou Commandans
de tout régiment & de toute arme, à tels emplois de
Capitaine de remplacement, ou de Sous-lieutenant en
pied ou de remplacement, auxquels il conviendroit à
ces Meſtres-de-camp de les propoſer comme nouveaux
ſujets, en obſervant ce qui eſt preſcrit dans les articles
25 & 27, relativement à la nomination de ceux-ci.

30.

MAIS après le remplacement des Capitaines réformés
& Sous-lieutenans à la ſuite, Sa Majeſté ne s'aſtreint
point à nommer à tous les emplois de Capitaine & de
Sous-lieutenant de remplacement; Elle n'entend même
ſoutenir l'inſtitution de ces emplois qu'autant de temps
qu'Elle le jugera à propos.

Sa Majeſté n'exigeant point des Meſtres-de-camp
de propoſer à tous les emplois de remplacement au
complet, Elle entend qu'ils ne propoſent à ces emplois
que des ſujets qui pourront y convenir, & à qui leur
fortune permettra de ſe paſſer des appointemens qu'il
n'eſt pas entré dans ſes vues de leur attribuer.

Elle ſe réſerve, indépendamment des propoſitions
des Meſtres-de-camp-propriétaires ou Commandans, de
nommer à des emplois de Capitaine ou de Sous-
lieutenant de remplacement, des ſujets à qui il lui
conviendra de les donner.

31.

LES Meſtres-de-camp-propriétaires ou Commandans,
propoſeront, s'ils le jugent à propos, des Sous-lieutenans de remplacement aux emplois de Sous-lieutenans

Rang
des Sous-lieutenans
de remplacement.

en pied & avec appointemens; mais les Sous-lieutenans de remplacement n'y auront aucun droit.

Ils conserveront néanmoins, en restant Sous-lieutenans de remplacement, leur rang parmi les Sous-lieutenans en pied, & ils concourront avec eux, selon la date de leurs brevets de Sous-lieutenans, tant pour le commandement & le service, que pour être nommés aux emplois de Lieutenant en second.

32.

Cadets-Gentilshommes.

MAIS l'intention de Sa Majesté est que dans les régimens où il reste encore des Cadets-gentilshommes, & jusqu'à ce qu'ils soient éteints, les Mestres de-camp-propriétaires ou Commandans les proposent aux emplois de Sous-lieutenant en pied & avec appointemens, de préférence aux Sous-lieutenans de remplacement ou à tout autre sujet; hors qu'il n'y ait, relativement à ces Cadets-gentilshommes, des raisons d'exclusion ou de retard dont il sera rendu compte au Secrétaire d'État de la guerre, qui prendra les ordres de Sa Majesté à leur égard.

33.

VEUT même Sa Majesté que les Cadets-gentils-hommes déjà nommés Sous-lieutenans, ou qui le seront à l'avenir, reprennent le rang sur les Sous-lieutenans en pied ou de remplacement, promus à ce grade de préférence à eux, & d'une date postérieure à celle dont ils sont Cadets-gentilshommes; Sa Majesté, conséquemment à l'article précédent, exceptant de ce rang à leur rendre, le cas où la nomination de ces Cadets-gentilshommes à un emploi de Sous-lieutenant, auroit été retardée, pour quelque raison de mécontentement ou de négligence de service.

34.

Pages & Elèves de l'École militaire.

SA MAJESTÉ se réserve de nommer ses Pages & les Elèves de l'École militaire, à tels emplois qu'il lui conviendra de leur donner, & à quelqu'époque de l'année que ce soit indistinctement.

11

Et si quelques-uns ont été nommés ou sont encore à l'avenir nommés Sous-lieutenans, avant des Cadets-gentilshommes placés avant eux dans le régiment où ils entrent, ils seront soumis à la règle par laquelle Sa Majesté rend à ceux-ci devenus Sous-lieutenans, le rang sur eux.

35.

AUCUN sujet ne sera proposé par un Mestre-de-camp-propriétaire ou Commandant, pour être Sous-lieutenant en pied ou de remplacement, qu'autant qu'il aura l'âge de quinze ans révolus, & qu'il aura fait devant le Généalogiste de Sa Majesté, les mêmes preuves de Noblesse exigées pour les Élèves de l'École militaire. Il sera tenu de produire son extrait de baptême, avec le certificat de ce Généalogiste; & ces deux pièces seront annexées au Mémoire du Mestre-de-camp qui le proposera.

Âge, & preuves exigées pour être Sous-lieutenans en pied ou de remplacement.

Sa Majesté excepte de cette règle les fils des Chevaliers de Saint-Louis. Elle permet qu'ils lui soient proposés, en produisant les brevets de leurs pères, ou des certificats authentiques qu'ils ont été décorés de la Croix de Saint-Louis; & ces pièces seront jointes, avec leur extrait de baptême, au Mémoire qui les proposera.

36.

LES Sous-lieutenans de remplacement seront attachés, ainsi que le premier Sous-lieutenant, à la première division de leur compagnie. Lorsqu'ils seront présens, ils seront chargés spécialement de la troisième subdivision de cette division. Le Sergent qui la commande leur rendra compte, & ils rendront compte eux-mêmes au Lieutenant.

Service des Sous-lieutenans de remplacement.

37.

ILS ne seront tenus de servir pendant la paix, que du 1.er de Juin au 1.er d'Octobre; hors que des ordres particuliers n'apportent des changemens à cette disposition.

Temps de leur service.

38.

IL en sera de même des Capitaines de remplacement.

39.

SA MAJESTÉ ayant jugé nécessaire à son service, d'établir dans chaque régiment un Adjudant de plus, un seul ne suffisant pas à toutes les fonctions & aux détails dont il étoit chargé; ayant arrêté en outre de substituer des Tambours aux Musiciens dans les compagnies où ils étoient compris, en réunissant ceux-ci à l'État-major:

Il sera composé à l'avenir d'un Mestre-de-camp-commandant, d'un Mestre-de-camp en second, d'un Lieutenant-colonel, d'un Major, d'un Quartier-maître-trésorier, de deux Porte-drapeaux, de deux Adjudans, d'un Chirurgien-major, d'un Aumônier, d'un Tambour-major, de huit Musiciens & d'un Armurier.

40.

OUTRE les Officiers supérieurs ci-dessus désignés, Sa Majesté conserve aux régimens de Savoie-Carignan & de Rohan-Soubise, leurs Mestres-de-camp-propriétaires.

41.

LE Major de chaque régiment, continuera d'y surveiller tous les détails de service, police & discipline.

Les Capitaines-commandans, conséquemment à l'article 19, lui rendront compte; il rendra compte au Lieutenant-colonel, le Lieutenant-colonel au Mestre-de-camp en second, & le Mestre-de-camp en second, au Mestre-de-camp-commandant.

Indépendamment des comptes que le Mestre-de-camp-commandant doit rendre à l'Inspecteur de son régiment, au Commandant de la Province & au Secrétaire d'État de la guerre, il rendra compte au Mestre-de-camp-propriétaire des régimens, à la tête desquels Sa Majesté a jugé à propos d'en établir.

42.

42.

Le Quartier-maître-trésorier de chaque régiment, *Quartier-maître.*
aura le rang de Lieutenant.

Les Porte-drapeaux auront celui de derniers Sous- *Porte-drapeaux.*
lieutenans.

Et les Adjudans celui de premiers Sergens-majors. *Adjudans.*
Ils commanderont à tous les Sergens-majors, & au
Tambour-major.

43.

L'intention de Sa Majesté étant que les Adjudans ne perdent point, en continuant d'être Adjudans,
les avantages & les récompenses que leurs services les
mettront dans le cas de mériter; ils dateront sans être
Officiers, pour toute espèce de récompense & de grâce,
de l'époque à laquelle, à leur ancienneté de Sergens-
majors, ils auroient pu mériter de l'être. Cette date
sera pour eux celle de laquelle un Sergent-major moins
ancien qu'eux, auroit été fait Officier; & lorsqu'ensuite
ils le seront eux-mêmes, il reprendront leur rang sur
ce dernier.

44.

Le Tambour-major aura le rang de Sergent-major. *Tambour-major.*
Il commandera aux Musiciens, comme aux Tambours.

45.

Sa Majesté a résolu d'accorder à son Infanterie *Appointemens*
& solde.
françoise, une augmentation de paye pendant la
guerre; & voulant en outre apporter à l'état de quel-
ques grades, des changemens par lesquels son objet
est sur-tout de distinguer les anciens Officiers; Elle
a arrêté que les appointemens & solde seroient payés à
l'avenir ainsi qu'il suit:

46.

Par an, sur le pied de paix: *Appointemens,*
pied de paix,
État-major.

Au Mestre - de - camp - commandant de chaque régiment
d'Infanterie Françoise, *quatre mille livres.*

Au Mestre-de-camp en second, *dix-huit cents livres.*

Au Lieutenant-colonel, *trois mille six cents livres.*

Au Major, *trois mille livres.*

Au Quartier-maître-tréforier, *douze cents livres,* ou par mois *cent livres.*

A chaque Porte-drapeau, *sept cents vingt livres,* ou par mois *soixante livres.*

Au Chirurgien-major, *douze cents livres,* ou par mois *cent livres.*

A l'Aumônier, *six cents livres,* ou par mois *cinquante livres.*

A chaque Adjudant, *cinq cents quarante livres,* ou *trente fous* par jour, ou par mois *quarante-cinq livres.*

Officiers des compagnies. A chacun des deux premiers Capitaines-commandans, *deux mille quatre cents livres.*

A chacun des huit autres Capitaines - commandans, *deux mille livres.*

A chacun des deux premiers Capitaines en fecond, *quinze cents livres.*

A chacun des huit autres Capitaines en fecond, *douze cents cinquante livres.*

A chaque Lieutenant en premier, *neuf cents livres.*

A chaque Lieutenant en fecond, *huit cents livres.*

A chaque Sous-lieutenant en pied, *sept cents vingt livres.*

Augmentation fur le pied de guerre. Tous les appointemens ci-deffus, feront augmentés d'un quart en fus fur le pied de guerre.

47.

Solde, pied de paix. Compagnies de Fufiliers. PAR jour, fur le pied de paix :

Au Sergent-major d'une compagnie de Fufiliers, *dix-fept fous.*

A chaque autre Sergent ou Fourrier, *treize fous quatre deniers.*

A chaque Caporal de Fufiliers, *neuf fous quatre deniers.*

Au premier Appointé de chaque compagnie de Fufiliers, *fept fous quatre deniers.*

A chaque autre Appointé, *six fous dix deniers.*

A chaque Fufilier, ou Tambour d'une compagnie de Fufiliers, *six fous quatre deniers.*

De Grenadiers. Au Sergent-major de la compagnie de Grenadiers, *dix-huit fous.*

A chacun des quatre autres Sergens & au Fourrier, *quinze sous quatre deniers.*

A chaque Caporal de Grenadiers, *dix sous quatre deniers.*

Au premier Appointé de la compagnie de Grenadiers, *huit sous quatre deniers.*

A chaque autre Appointé, *sept sous dix deniers.*

A chaque Grenadier, ou Tambour de la compagnie de Grenadiers, *sept sous quatre deniers.*

A tous les bas Officiers, Soldats & Tambours de la compagnie de Chasseurs, la même solde qu'aux bas Officiers de même grade, Soldats & Tambours de la compagnie de Fusiliers. *De Chasseurs.*

Au Tambour-major, *dix-sept sous.* *Tambour-major.*

A chaque Musicien, *douze sous.* *Musiciens.*

A l'Armurier, *six sous quatre deniers.* *Armurier.*

Au premier Tambour de chaque bataillon ayant le grade d'Appointé, indépendamment de sa solde, *un sou* de haute-paye.

48.

IL sera retenu par jour sur la solde de tous les bas Officiers, Grenadiers, Chasseurs, Fusiliers, Tambours, Musiciens & Armurier, seize deniers à chaque Sergent-major, Tambour-major, Sergent ou Fourrier ; & huit deniers à tous les grades inférieurs, pour former une *masse de linge & chaussure :* cette masse sera conservée dans la caisse du régiment ; & le décompte en sera fait aux susdits bas Officiers & Soldats, tous les quatre mois. *Masse de linge & chaussure.*

49.

LA moitié de la solde de tous les bas Officiers & Soldats absens par congé, & la solde entière de ceux qui n'auront pas rejoint à l'expiration de leurs congés, seront réunies à ladite masse.

50.

LES objets d'entretien auxquels est destinée la masse de linge & chaussure, devenant plus dispendieux pendant la guerre, Sa Majesté accorde par jour, sur le pied de guerre, un supplément de solde de huit deniers à chaque *Supplément de solde sur le pied de guerre.*

bas Officier & Soldat: ce supplément sera réuni à la masse de linge & chaussure établie par les articles précédens, & en augmentation de cette masse.

51.

LES Adjudans seront exceptés des dispositions relatives à la masse de linge & chaussure, à laquelle ils n'auront nulle part. Il ne leur sera point fait de retenue pour y fournir, & ils ne recevront point, pendant la guerre, le supplément de solde établi par l'article précédent.

52.

Masse générale.

IL sera formé une *masse générale*, pour laquelle Sa Majesté fera payer sur le pied de paix, quarante livres par an par chaque Adjudant, Sergent-major, Tambour-major, Sergent, Fourrier, Caporal, Appointé, Grenadier, Chasseur, Fusilier, Tambour, Musicien & Armurier au complet. Cette masse destinée aux dépenses de Recrues, d'habillement, d'équipement, d'entretien & de réparation, sera chargée en outre de la retenue de la capitation & des quatre deniers pour livre de tous les appointemens & de la solde ; elle sera payée par mois au Quartier-maître-trésorier de chaque régiment, & déposée dans la caisse ; & elle sera régie par le Conseil d'administration.

53.

Haute-paye des Tambours.

IL sera payé à chaque Tambour, sur cette masse, une haute-paye de deux sous par jour, au moyen de laquelle il sera tenu d'entretenir sa caisse de peaux & de cordages, & de se fournir de baguettes.

54.

Augmentation à la masse générale, sur le pied de guerre.

LA masse générale sera sur le pied de guerre, de quarante-cinq livres par an par chaque bas Officier & Soldat.

55.

MAIS l'intention de Sa Majesté n'est pas qu'un régiment sur le pied de guerre, quant au nombre, soit pour cela,

cela, sur le pied de guerre, quant à la solde : ce dernier n'aura lieu que de l'époque à laquelle Sa Majesté l'ordonnera.

56.

L'ARMEMENT de l'Infanterie continuera de lui être fourni des magasins de Sa Majesté.

Armement.

57.

TOUTES les dispositions prescrites par la présente Ordonnance, relativement aux appointemens, à la solde & aux masses, auront lieu de l'époque fixée pour son exécution : mais Sa Majesté, en faisant jouir son Infanterie, à l'instant même, des augmentations qu'Elle accorde, ne veut pas qu'aucun Officier perde rien de son état actuel. En conséquence, Elle ordonne que les Capitaines en second actuels, dont les appointemens seront de douze cents cinquante livres, reçoivent en supplément, sur la masse générale, la somme nécessaire pour parfaire les mêmes appointemens dont ils jouissoient, sans que ce supplément puisse aucunement s'étendre à ceux qui leur succéderont dans leurs emplois.

58.

POUR parvenir dans chaque régiment, à l'exécution de la présente Ordonnance, l'Inspecteur, à qui Sa Majesté en aura donné l'ordre, fera mettre ce régiment sous les armes, après en avoir prévenu le Commandant de la Place où il sera en garnison, & en présence du Commissaire des guerres qui en aura la police.

Exécution de la présente Ordonnance.

59.

CET Inspecteur fera une revue de ce régiment, & le Commissaire des guerres fera en même temps la sienne, pour servir au payement dudit régiment jusqu'au jour de sa nouvelle composition exclusivement.

Revues à faire par l'Inspecteur & par le Commissaire des guerres.

60.

L'INSPECTEUR ordonnera ensuite au Mestre-de-

Choix du second Adjudant.

camp-commandant, de choisir entre tous les Sergens-majors, Sergens & Fourriers, le sujet qu'il jugera le plus propre à remplir la seconde place d'Adjudant; celui qui le remplacera à l'emploi qu'il quittera, sera nommé en même temps, ainsi que le Soldat qui sera promu au grade de Caporal, & ces bas Officiers seront reçus sur le champ à leurs emplois.

61.

Instrumens ou Musiciens.

IL sera remplacer les Instrumens ou Musiciens, jusqu'alors compris dans les compagnies, & qui désormais seront réunis au nombre de huit à l'État-major, par un même nombre de Soldats que le Mestre-de-camp-commandant aura fait choisir, & qu'il aura désignés pour Tambours.

62.

Appointés.

L'INSPECTEUR ordonnera ensuite que les dix plus anciens Fusiliers de chaque compagnie de Fusiliers, & les huit plus anciens Grenadiers ou Chasseurs de la compagnie de Grenadiers & de celle de Chasseurs, soient reconnus pour Appointés à la tête de leurs compagnies; & que le plus ancien Tambour de chaque bataillon le soit de même à la tête des Tambours.

63.

Répartition des Fusiliers, & formation des escouades.

IL ordonnera que les Fusiliers de chaque compagnie y soient répartis dans les escouades à leur rang; le premier Fusilier dans la première, le second dans la seconde, le troisième dans la troisième, le quatrième dans la quatrième, le cinquième dans la cinquième, le sixième dans la sixième, le septième dans la septième, le huitième dans la huitième, le neuvième dans la neuvième, le dixième dans la dixième; & ensuite le onzième dans la première, le douzième dans la seconde, & ainsi de suite, en comprenant dans cette répartition & à leur rang, les Fusiliers qui se trouveroient aux Hôpitaux ou absens:

19

Que les Grenadiers & les Chasseurs soient répartis de même, dans les huit escouades de leur compagnie:

Que les escouades ainsi formées, le premier Caporal de chaque compagnie, & sous lui le premier Appointé, aient le commandement de la première; le second Caporal & le second Appointé, celui de la seconde, & ainsi de suite:

Qu'ensuite les subdivisions soient formées; dans les compagnies de Fusiliers, la première, de la première & sixième escouades; la seconde, de la seconde & septième, &c. Dans la compagnie de Grenadiers & dans celle de Chasseurs; la première, de la première & cinquième escouades; la seconde, de la seconde & sixième, &c. & que les Sergens prennent le commandement de ces subdivisions à leur rang; le premier Sergent celui de la première, le second celui de la seconde, &c.

64

MAIS ce rang une fois établi entre les escouades & les subdivisions, l'Inspecteur ordonnera qu'il reste à perpétuité le même, c'est-à-dire que l'escouade désignée la première soit toujours la première; l'escouade désignée la seconde, toujours la seconde, &c. quel que soit le rang des Caporaux qui les commanderont:

Que de même les subdivisions une fois établies première, seconde, &c. & formées à perpétuité des mêmes escouades, conservent toujours le même rang entre elles, quel que soit celui des Sergens qui les commanderont:

Qu'ainsi les divisions intérieures des compagnies n'éprouvent de changemens, que par les recrues qui entreront dans les compagnies de Fusiliers, ou les nouveaux Grenadiers & Chasseurs dans les compagnies de Grenadiers & de Chasseurs; ou par le remplacement de leurs bas Officiers promus à de nouveaux grades.

65.

*Formation
des divisions.*

ENFIN il ordonnera que les divisions soient formées:
dans les compagnies de Fusiliers, la première, de la
première, troisième & cinquième subdivisions; la seconde,
de la seconde & quatrième subdivisions.

Dans la compagnie de Grenadiers & dans celle de
Chasseurs; la première, de la première & troisième
subdivisions; la seconde, de la seconde & quatrième
subdivisions.

Et que dans chaque compagnie, le Lieutenant en
premier, & sous ses ordres le premier Sous-lieutenant,
aient le commandement, l'inspection & la police
spéciale de la première division; & de même le Lieutenant en second, & sous ses ordres le second Sous-
lieutenant, celui de la seconde division.

66.

*Formation
des chambrées
& des ordinaires.*

LES chambrées & les ordinaires seront formés,
autant qu'il se pourra, dans l'ordre des escouades,
subdivisions & divisions, ci-dessus indiqué; de manière
que les Soldats des mêmes escouades, subdivisions &
divisions, logeant & vivant, ou ensemble, ou le plus
près qu'il se pourra, soient constamment soumis à la
vigilance & police des mêmes bas Officiers.

Mais ces divisions de police intérieure seront
subordonnées dans l'ordre de bataille, à ce que prescrit
l'Ordonnance de l'Exercice, relativement à la disposition des Soldats dans le rang, & aux divisions qui
doivent y être observées.

67.

*Commandement
des deux premières
compagnies.*

APRÈS ces dispositions relatives à l'ordre intérieur
des compagnies, l'Inspecteur ordonnera que les deux
premiers Capitaines en second passent aux deux premières compagnies de Fusiliers, pour les commander
sous l'autorité des deux premiers Capitaines-commandans, & qu'ils soient remplacés aux compagnies qu'ils
quitteront,

quitteront, par les Capitaines en second jusqu'alors attachés aux deux premières compagnies, qui se trouveront moins anciens qu'eux :

Que la compagnie de Grenadiers soit toujours commandée par le troisième Capitaine-commandant :

De la compagnie de Grenadiers.

Celle de Chasseurs, par celui des sept derniers Capitaines-commandans que le Mestre-de-camp-commandant jugera le plus propre à ce service :

De celle de Chasseurs.

Et que cet ordre dans le commandement des compagnies soit toujours observé à l'avenir :

Qu'ainsi les deux premières compagnies du régiment, commandées par les deux premiers Capitaines-commandans, & sous leurs ordres par les deux premiers Capitaines en second, en restent toujours les premières, passant seulement d'un bataillon à l'autre, selon le rang respectif de leurs Capitaines-commandans, sans que les deux premiers Capitaines en second attachés à ces compagnies, changent de l'une à l'autre, quel que soit leur rang entr'eux.

68.

L'INSPECTEUR ordonnera que les deux troisièmes Sous-lieutenans déjà attachés aux deux premières compagnies, y soient reconnus comme Sous-lieutenans de remplacement.

Officiers de remplacement.

Et s'il a plu à Sa Majesté de nommer déjà à des emplois de Capitaines de remplacement, que les brevets en aient été expédiés, & que les sujets pourvus de ces emplois soient présens, l'Inspecteur les fera recevoir en cette qualité aux deux premières compagnies.

Il fera recevoir de même aux autres compagnies de Fusiliers, les Sujets à qui Sa Majesté auroit accordé des emplois de Sous-lieutenant de remplacement.

Et si Sa Majesté n'a point nommé à tous, ou à une partie des emplois de Capitaines & de Sous-lieutenans de remplacement, il préviendra le Mestre-de-camp-commandant qu'il peut proposer au Secrétaire d'Etat de la guerre les Sujets qu'il jugera y convenir; sans pourtant devoir se faire une loi de nommer à tous, & se conformant d'ailleurs à tout ce que prescrit la présente Ordonnance relativement auxdits emplois.

69.

Seconde revue.

CES différentes opérations terminées, l'Inspecteur fera une revue du régiment.

Le Commissaire des guerres fera aussi la sienne pour servir, à compter de ce jour, au payement du nouvel état d'appointemens & de solde & de la masse. Il constatera la nouvelle composition du régiment, par un procès-verbal, dont un double sera adressé au Secrétaire d'État de la guerre, & un autre au Trésorier.

Procès-verbal de la nouvelle composition.

70.

Chasseurs & Grenadiers excédans, employés comme Surnuméraires.

LES bas Officiers & Chasseurs qui se trouveront dans la compagnie de Chasseurs, au-delà du nombre fixé par la présente Ordonnance, seront employés & payés comme surnuméraires, jusqu'à ce que cette compagnie soit ramenée au nombre auquel Sa Majesté a jugé à propos de la réduire, pour que sa formation fût assimilée à celle de la compagnie de Grenadiers.

Il en sera de même des Grenadiers qui se trouveront dans la compagnie de Grenadiers excéder le nombre que Sa Majesté a également fixé pour ces deux Troupes.

71.

Examen des fonds en caisse.

LE régiment étant de retour dans ses quartiers, l'Inspecteur fera assembler le Conseil d'administration. Il examinera les fonds restans en caisse, & fera former

des états séparés, tant de l'argent de la masse générale, que de celui de la masse de linge & chaussure,
& de celle des Quinze livres qui appartiennent à chaque homme, & qui continuera d'avoir lieu comme
auparavant. Il sera certifier ces états par le Conseil
d'administration, & il les visera; ils formeront le premier article de ceux que la nouvelle composition
exige. L'Inspecteur adressera au Secrétaire d'Etat de
la guerre, des doubles de tous les états que son
opération l'aura mis dans le cas de former.

MANDANT Sa Majesté à Monf. le Prince de Condé,
Colonel général de l'Infanterie françoise & étrangère,
de tenir la main à l'exécution de la présente Ordonnance.

MANDE & ordonne Sa Majesté aux Officiers généraux ayant commandement sur ses Troupes, aux
Gouverneurs, Lieutenans généraux, Commandans en
chef & en second dans ses provinces, aux Inspecteurs
généraux de ses Troupes, aux Gouverneurs & Commandans de ses villes & places, aux Mestres-de-camp
de ses régimens d'Infanterie françoise & étrangère, aux
Intendans en ses provinces & sur ses frontières, aux
Commissaires des guerres & à tous autres ses Officiers
qu'il appartiendra, de tenir la main à l'exécution de
la présente Ordonnance.

FAIT à Versailles le douze juillet mil sept cent
quatre-vingt-quatre.
Signé LOUIS. *Et plus bas*, LE M.^{Al} DE SÉGUR.

LOUIS-JOSEPH DE BOURBON,
Prince DE CONDÉ, *Prince du Sang,*
*Pair & Grand-maître de France, Lieute-
nant général des Armées du Roi, Chevalier
de ses Ordres, Gouverneur & Lieutenant*

général des provinces de Bourgogne & de Bresse, Colonel général de l'Infanterie françoise & étrangère.

VU l'Ordonnance provisoire du Roi, des autres parts, du 12 du présent mois, signée Louis, & plus bas, le M.ᵃˡ de Ségur, concernant la formation & la solde de l'Infanterie françoise; ladite Ordonnance à nous adressée, pour tenir la main à son exécution :

NOUS, en vertu du pouvoir que nous en avons, à cause de notre place de Colonel général de l'Infanterie françoise & étrangère : MANDONS & ordonnons à tous Mestres-de-camp-commandans, Mestres-de-camp-lieutenans-commandans, Mestres-de-camp en second, Mestres-de-camp-lieutenans en second, Lieutenans-colonels, Majors, & autres Officiers des régimens d'Infanterie françoise & étrangère, de se conformer à ladite Ordonnance, & de la faire exécuter, chacun en ce qui le concerne : En foi de quoi nous avons fait expédier la présente, que nous avons signée & fait contre-signer par le Secrétaire général de l'Infanterie françoise & étrangère.

DONNÉ à Paris, le dix-huit juillet mil sept cent quatre-vingt-quatre. *Signé* LOUIS-JOSEPH DE BOURBON. *Et plus bas*, Par Son Altesse Sérénissime. *Signé* BOULOGNE DE LASCOURS.

TABLEAU des Appointemens & Solde.

INFANTERIE FRANÇOISE.	PIED DE PAIX.			PIED DE GUERRE.		
	Par jour.	Par mois.	Par an.	Par jour.	Par mois.	Par an.
A chacun des deux premiers Capitaines-commandans de chaque regiment, six livres treize sous quatre deniers sur le pied de paix; & huit livres six sous huit deniers sur le pied de guerre, ci..........	6^l 13^s 4^d	200^l n^s n^d	2400^l	8^l 6^s 8^d	250^l n^s n^d	3000^l
A chacun des huit autres Capitaines-commandans, cinq livres onze sous un denier un tiers en paix; & six livres dix-huit sous dix deniers deux tiers en guerre......	5. 11. 1⅓	166. 13. 4	2000.	6. 18. 10⅔	208. 6. 8	2500.
A chacun des deux premiers Capitaines en second, quatre livres trois sous quatre deniers en paix; & cinq livres quatre sous deux deniers en guerre............	4. 3. 4	125. n n	1500.	5. 4. 2	156. 5. n	1875.
A chacun des huit autres Capitaines en second, trois livres neuf sous cinq deniers un tiers en paix; & quatre livres six sous neuf den. deux tiers en guerre............	3. 9. 5⅓	104. 3. 4	1250.	4. 6. 9⅔	130. 4. 2	1562.10^s
A chaque Lieutenant en premier, deux livres dix sous en paix; & trois livres deux sous six deniers en guerre............	2. 10. n	75. n n	900.	3. 2. 6	93. 15. n	1125.
A chaque Lieutenant en second, deux livres quatre sous cinq den. un tiers en paix; & deux livres quinze sous six deniers deux tiers en guerre............	2. 4. 5⅓	66. 13. 4	800.	2. 15. 6⅔	83. 6. 8	1000.
A chaque Sous-lieutenant en pied, deux livres en paix; & deux livres dix sous en guerre......	2. n n	60. n n	720.	2. 10. n	75. n n	900.
Au Sergent-major de la compagnie de Grenadiers, dix-huit sous en paix; & dix-huit sous huit deniers en guerre............	n 18. n	27. n n	324.	n 18. 8	28. n n	336.
A chacun des quatre autres Sergens & au Fourrier des Grenadiers, quinze sous quatre deniers en paix; & seize sous en guerre........	n 15. 4	23. n n	276.	n 16. n	24. n n	288.
A chaque Caporal de la compagnie de Grenadiers, dix sous quatre deniers en paix; & onze sous en guerre...............	n 10. 4	15. 10. n	186.	n 11. n	16. 10. n	198.

	PIED DE PAIX.			PIED DE GUERRE.		
	Par jour.	Par mois.	Par an.	Par jour.	Par mois.	Par an.
Au premier Appointé de ladite compagnie, huit sous quatre deniers en paix; & neuf sous en guerre....	« 8ˢ 4ᵈ	12ˡ 10ˢ «ᵈ	150ˡ	« 9ˢ «ᵈ	13ˡ 10ˢ «ᵈ	162ˡ
A chacun des sept autres Appointés, sept sous dix deniers en paix; & huit sous six deniers en guerre.................	« 7. 10	11. 15. «	141.	« 8. 6	12. 15. «	153.
A chaque Grenadier ou Tambour, sept sous quatre deniers en paix; & huit sous en guerre....	« 7. 4	11. « «	132.	« 8. «	12. « «	144.
A chaque Sergent-major de Fusiliers ou de Chasseurs, dix-sept sous en paix; & dix-sept sous huit deniers en guerre.............	« 17. «	25. 10. «	306.	« 17. 8	26. 10. «	318.
A chaque autre Sergent, treize sous quatre deniers en paix; & quatorze sous en guerre.......	« 13. 4	20. « «	240.	« 14. «	21. « «	252.
A chaque Fourrier de Fusiliers ou Chasseurs, treize sous quatre deniers en paix; & quatorze sous en guerre..............	« 13. 4	20. « «	240.	« 14. «	21. « «	252.
A chaque Caporal de Fusiliers ou de Chasseurs, neuf sous quatre deniers en paix; & dix sous en guerre.................	« 9. 4	14. « «	168.	« 10. «	15. « «	180.
Au premier Appointé de chaque compagnie de Fusiliers ou de Chasseurs, sept sous quatre deniers en paix; & huit sous en guerre....	« 7. 4	11. « «	132.	« 8. «	12. « «	144.
A chaque autre Appointé, six sous dix deniers en paix; & sept sous six deniers en guerre.....	« 6. 10	10. 5. «	123.	« 7. 6	11. 5. «	135.
A chaque Fusilier, Chasseur & Tambour de Fusiliers ou de Chasseurs, six sous quatre deniers en paix; & sept sous en guerre..	« 6. 4	9. 10. «	114.	« 7. «	10. 10. «	126.
Au plus ancien Tambour de chaque bataillon, ayant le grade d'Appointé, sept sous quatre den. en paix; & huit sous en guerre..	« 7. 4	11. « «	132.	« 8. «	12. « «	144.
Ou si ce Tambour est aux Grenadiers, huit sous quatre den. en paix; & neuf sous en guerre..	« 8. 4	12. 10. «	150.	« 9. «	13. 10. «	162.

ÉTAT-MAJOR.

A chaque Mestre-de-camp-commandant de chaque régiment d'Infanterie françoise, onze livres deux sous deux deniers deux tiers en paix; & treize livres dix-sept sous neuf deniers un tiers en guerre..........

A chaque Meſtre-de-camp en second, cinq livres en paix; & six livres cinq sous en guerre,.....

A chaque Lieutenant-Colonel, dix livres en paix; & douze livres dix sous en guerre,.......

A chaque Major, huit livres six sous huit deniers en paix; & dix livres huit sous quatre deniers en guerre.....

A chaque Quartier-maître-tré-ſorier, trois livres six sous huit deniers en paix; & quatre livres trois sous quatre deniers en guerre.

A chaque Porte-drapeau, deux livres en paix; & deux livres dix sous en guerre.....

A chaque Adjudant, une livre dix sous en paix; & une livre dix-sept sous six deniers en guerre....

A chaque Chirurgien-major, trois livres six sous huit deniers en paix, & quatre livres trois sous quatre deniers en guerre......

A chaque Aumônier, une livre treize sous quatre deniers en paix; & deux livres un sou huit deniers en guerre......

A chaque Tambour-major, dix-sept sous en paix; & dix-sept sous huit deniers en guerre.......

A chaque Muſicien, douze sous en paix; & douze sous huit deniers en guerre......

A chaque Armurier, six sous quatre deniers en paix; & sept sous en guerre.......

PIED DE PAIX.			PIED DE GUERRE.		
Par jour.	Par mois.	Par an.	Par jour.	Par mois.	Par an.
11^l 2^s 2^d ⅔	333^l 6^s 8^d	4000^l	13^l 17^s 9^d ⅓	416^l 13^s 4^d	5000^l
5. # #	150. # #	1800.	6. 5. #	187. 10. #	2250.
10. # #	300. # #	3600.	12. 10. #	375. # #	4500.
8. 6. 8	250. # #	3000.	10. 8. 4	312. 10. #	3750.
3. 6. 8	100. # #	1200.	4. 3. 4	125. # #	1500.
2. # #	60. # #	720.	2. 10. #	75. # #	900.
1. 10. #	45. # #	540.	1. 17. 6	56. 5. #	675.
3. 6. 8	100. # #	1200.	4. 3. 4	125. # #	1500.
1. 13. 4	50. # #	600.	2. 1. 8	62. 10. 0	750.
# 17. #	25. 10. #	306.	# 17. 8	26. 10. #	318.
# 12. #	18. # #	216.	# 12. 8	19. # #	228.
# 6. 4	9. 10. #	114.	# 7. #	10. 10. #	126

www.ingramcontent.com/pod-product-compliance
Lightning Source LLC
LaVergne TN
LVHW020630180726
843502LV00006B/1955